ひとりを怖れない

矢作直樹

小学館

はじめに

孤独なひとなんていない

私はひとりが大好きです。

退屈しないし、寂しくもありません。

これは、私がどんなひとも緩やかにつながっているという感覚を持っているからかもしれません。この感覚は、私自身の体験に基づき、認識するようになりました。

すでにいくつかの著作で述べさせていただきましたが、私は大学時代に二度、単独で登山中に滑落しました。最初のときには一〇〇メートルの比高を滑落し、死んで当然なのに死にませんでした。

不思議なことです。

まだこの世でやるべきことがあるのだろうか？　そう感じながらも大学病院での多忙な日々に身を置いていたある日、亡くなった母と「再会（交霊）」する機会を得ました。詳しくは後述いたします。

この出来事以来、うすうす思っていたことは確信へと変わりました。

ひとは決してひとりじゃない。

こっちの世界とあっちの世界はつながっている。ひとりじゃないけれど、こっちの世界で誰かと時間を共有して学ぶため、同時に、ひとりの時間を楽しむためめに、私たちはどうやらこっちの世界に「体験学習」として来ているようです。

だから私は、「ひとりぼっち」という言葉に違和感を覚えます。ひとは皆、魂でつながっており、孤独なひとなんて、この世界にはひとりもいないからです。

あるがままでいられる状態――

それでも置かれた状況が変化することで、まるでひとりになってしまったかのように錯覚することはあります。

例えば、私自身、二〇一六年三月末日をもって、勤務先の東京大学を任期満了で退官しました。大きな組織から離れ、ひとりになりましたが、とても清々《すがすが》しい気分です。

裃《かみしも》が取れたおかげで自由に振る舞うことができ、やれやれとほっとしています。

私にとってのひとりはご褒美《ほうび》そのものですが、実は誰にとっても、心の持ち方ひとつで、ひとりはご褒美になると思います。

むろん、生きていると誰かとの関係は避けられません。しかしながら、そこで自分がとる行動いかんで、ひとりの時間は満喫できるのです。

インターネット上のつながりが年々複雑化していることで、心が疲れることが増えました。瞑想《めいそう》やネット断食が幅広い世代に注目されるのも、疲れを癒《いや》し、自分の本音に向き合いたい、ひとりの時間を取り戻したいからでしょう。

無理に求めず、自分が自分らしく、あるがままでいられる状態、それがひとりではないでしょうか。ひとりという、この上なく素敵な時間を取り戻すためには、まずひとりを怖《おそ》れることなく、毎日を心から楽しむことが肝心だと思います。

人生はひとりでも楽しめる――

死を理解するとは生を理解することだと言われます。同様に「人生を楽しむことは、ひとりでもできること」だと、私は感じています。

寂しい、怖い、そんな感情を越えた先にあるのは、心から満ち足りた、たったひとりの時間です。ひとりを怖れることなど決してありません。

本書は、以前から好きだった「ひとり」という言葉に、さまざまな思索をめぐらすことからスタートしました。

退官と同時に、組織に属さないという意味での「ひとり」

にもなりましたので、改めて自分を見つめ直す良いタイミングだったと思います。

「ひとり」というキーワードを元に、まずは頭に浮かんだ「言霊《ことだま》」を思うままに記しました。

その上で、なぜそのような言霊が浮かんだのか、自分なりに考察しました。

本書が読者の皆さんに少しでもお役に立てれば、これ以上の喜びはありません。

目次

第二章　物語の主人公はひとり

第三章　たったひとつの道を選ぶ

第四章 ひとりなら頑張り過ぎない

第五章 死に方には上も下もない

第一章

ひとりだから自由気まま

ひとりになると
空気が変わる
ひとりになると
場が静かになる
そこで気づく
自分が主役になったことに
右に動くにせよ　左に動くにせよ
自分で決められる
自分で決めるということが
この上なく大切

ずっと集団でいれば疲れる

誰かといる、あるいはまとまった集団でいる状況では、そこでの意思決定を、自分以外の誰かに委ねることも多いでしょう。いわゆる「空気を読む」ことと関係するのではないでしょうか。

日本人は空気を読むのが得意です。空気を読むとは、その場の雰囲気を察して場を壊さぬように余計な言動をしないこと。世の中を生きる上で大切な能力ですが、ずっと空気を読んでいると気疲れします。

私自身、つい最近まで勤務していた大学の医局での打ち合わせにせよ、プライベートでの交流にせよ、自分が何かを決める立場であることが明白な状況なら自分で決めます。そうでなければその場の雰囲気というか、そこでの流れに身を委ねることも多い気がします。

でもずっと集団でいると、つまり場の流れを読んでいる状態が続くと疲れます。会話は弾むかもしれませんが、やはりあるがままの自然体でいる状況を望むようになります。

ふだんは意識しませんが、日常生活では「そういうものだから」と何となく決められる状況がなんと多いことか。学校、会社、家庭、地域コミュニティ、それぞれの集団に決めごとがたくさん存在しますから、それに従い、いわゆる無意識のうちに行動していることが多いのです。

しかし、ひとりになると、そうはいきません。

神様から試される時間

ひとりのときはすべて自分で決めることが求められます。そうしないと何も動きません。誰も決めてくれません。

神様が私たちに対してお試しをする――。

ひとりというのは、そんな時間帯ではないでしょうか。

お試しの時間は、自分に責任を持つ時間であり、自分の好きにできる時間です。誰かの意思に身を委ねる時間ではありません。自分で立ち、自分を律する時間です。

ひとりは「自立と自律」を学ぶ時間でもあると思います。

ひとりの時間はありがたい
どこからも文句を言われず
誰の目も気にせず
好きなことが
好きなだけできる
本当に自由　気ままな時間
ひとりの時間は
最高にわがままな時間

「考えない」という状況を生み出す――

私にとってありがたいのは、ひとりで好きなことにひたすら没頭できる時間です。

若い頃はそれが単独登山でしたが、今は自転車に乗り、ある程度の距離を走ることです。

お墓がある千葉県、今は誰も住んでいない実家がある静岡県まで、自転車を駆って走ると、風との一体感を抱けると同時に、四季折々の風景を楽しむことができます。無理をし過ぎなければ体力の維持、健康の維持にも役立ちます。

健康と言えば、私の周囲でもウォーキングに熱中するひとが増えました。ウォーキングは健康維持に貢献する運動です。歩くことは有酸素運動であり、頭でモヤモヤと考えている状況を払拭《ふっしょく》する精神的な浄化の時間です。

自転車もウォーキングも、熱中している時は頭であれこれと考えていないもの。要するに「考えない」という状況を定期的に生み出すのが良いのです。

これこそ、まさにひとりの効果です。ひとりでも好きなだけ爽快感を味わえます。

ただし、そこにはルールがあります。

けがをしないこと、けがをさせないこと。ルールを守りさえすれば、どんな行動でもいいと思います。それがシンプルな行動なら、無理なく長続きするでしょう。

この他、私にとって、読書というひとりの時間も大きなご褒美です。誰かに遠慮することなく自由に本が読めます。

誰にも邪魔されず、好きな本を好きなだけ読めます。

「あっ！」と叫ぶことも自由、「おおっ、そうなのか！」と感動することも自由です。

本は時空を超越する道具――

私は読みながら、重要な部分に線を引いたり付箋《ふせん》をつけたりしますが、そんな時間はまさに至福の時間です。

本は、すでにこの世にいない著者ともつながることができる「時空を超越する道具」です。時間と空間を軽々と飛び越え、本を書いたひとと自分が意識を共有し、一対一の対話ができる大変便利な道具、それが本です。

本はしゃべりませんが、自分の中にある疑問、あるいはモヤモヤする情報を、解決してくれることがあります。

本は動きませんが、私たちが考えたり動いたりするための「きっかけ」を与えてくれます。

東大の退官に伴い、今春引っ越しをしました。新しい自宅兼事務所では、これまで各所に分散していた本が書庫として初めて一ヵ所にまとまりました。

これで空間上の「一覧」が可能となりました。

まとまった形で多くの本の背中（背表紙）が見えますので、さらに幅広い情報を取り込むことができ、たいへん幸せです。

ひとりは寂しいとか
怖いとか感じるひとも
いるようだけれど
ひとりは一〇〇%
本音の世界
無理なことを
本当は嫌なことを
演じなくてもいい
本当に快適な世界

友人関係は距離感で決まる

振り返ってみると、私は子どものときから、ひとりで本を読んでいる時間が大好きでした。

周囲から見れば、ちょっと変わったひとだと思われていたかもしれません。中学・高校生時代、休み時間の教室で、みんなが賑《にぎ》やかにしている中、ひとりで席に座り、いろいろな本を読んでいました。

これを孤独と呼ぶひともいるかもしれません。しかし、当人は快適な時間を過ごしていますから、周囲の目も気にならず、もちろん寂しくもありません。

悠々自適《ゆうゆうじてき》です。

友人とわいわいやる時間も楽しいものですが、いつも誰かと一緒だと、正直疲れます。

誰かといると物理的に安心できるのかもしれません。ですが、精神的に自由でないことも多くなるのです。相手とのちょっとした意見の違いで不快になることもあるでしょう。

まとめると、「一緒にいて楽しいこともある反面、重くなることもある」。これが私の友人観です。

友人関係の快適性は「距離感」で決まると思います。自分と相手が適度な距離感なら適度に楽しめるし、近づき過ぎると楽しめずに重くなります。そこに依存関係が生じてしまうからです。

友人が重くなったら、自分に問うてみてください。「私はそのひとと、どうしたかったのか」と。

何度か自分に問うと、ふと気づきます。ああ、自分は距離感を確認したかったのだなと。近寄ったり離れたりすることで、相手と自分との距離感、つまり二人の関係にどこまでの必要性があるのかを、自分で確認したかったのだなと気づくでしょう。

「私は私」という気持ちが芽生える

もうひとつ、改めて気づかされることがあります。

「ひとりの時間の重要性」です。

一〇〇%、自分の本音だけで行動できるのが、ひとりの時間の最大のメリット。誰かのために、何かを演じる必要もありませんので、自然体でいられます。

ひとりの時間を積み重ねると、誰といてもどこにいても心の芯がぶれなくなります。

「私は私」という気持ちが芽生えるでしょう。

ひとりで考え始めると
急に不安になることがある
だったら考えない時間を作れと
言われてもむずかしい
そんなときは
心の引き出しに
あらかじめ想像したことを
全部入れておけばいい
もし先々で何かあったら
引き出しから自由に出して使えばいい
それが引き出しにあるというだけで
ちょっと安心できる

感情を「引き出しにしまっておく」方法――

心の引き出しに自分の想念を入れておく、あとは必要に応じて引き出しから出し入れすればいいという方法は、古くからある思考法であり、不安回避法のひとつでもあります。

この方法は「ひとりは快適、でもちょっと不安」と感じることが多いひとにもお勧めします。

事前にあれこれと考えておいたり、想像しておいたりすると、何かの状況に直面したときに焦らず、落ち着いて対処できます。

そのための「心の引き出し」です。

私も自分の引き出しに色々な思考や感情を入れて、生きてきました。

気持ちが整理・区分され、不用意に感情を放出させることが減るからです。

例えば、二〇〇一年七月一六日。私は東京大学医学部救急医学分野教授を拝命、同時に医学部附属病院（東大病院）の救急部・集中治療部の部長職を兼務しました。

そこでの課題に、私は困りました。

・救急診療の活性化
・二カ月後に新設されるICU（集中治療部門）の運営

最初の課題はまだ見通しが立ちましたが、二番目の課題には正直、戸惑いました。なぜなら、たった四名の常勤医師スタッフでやれという至上命令だったからです。しかも当初、そこに小児集中治療部門も含まれていました。

当時の感情は今でもうまく言い表わせません。しかしながら、私はとりあえず、その感情のほとんどを引き出しにしまいました。そしてそれとは別の引き出しから、今後の方針に関する自分の考え方を取り出したのです。

実はその引き出しには、自分が将来、どこかの組織でリーダーになったときのために用意しておいた考え方、簡単に言えば組織運営上の仮説とその手法をしまっておいたのです。

手始めに救急・集中治療部門、さらに東大病院が、近い将来、最も必要とされる要素が何かを洗い出すことにしました。将来から現在までを「逆算」して考えたのです。この方法によって、やるべき作業の優先順位が明確になります。

そこで出たビジョンは、以下のとおりです。

- 東大病院の緊急即応レベルを上げる
- 病状にかかわらず受け入れる総合救急診療の確立
- 全職員が当事者意識を持って当たる（全員参加）

「心の引き出し」はみんなが持っている――

東大病院も全国の大学病院の例に漏れず、救急診療部門が一般の医療部門に比べて疎《おろそ》かになっていました。

だからこそ、この三つを早期実現するためにと考えたのが「五カ年計画」でした。

最初の五年は、集中治療部の運営を軌道に乗せ、救急外来での課題を早期解決する。次の五年は、総合救急診療を実現するためにスタッフを育成する。さらにその次の五年は、三次救急診療における応需率（要求に応じられる確率）の向上と大学院生の受け入れ。

以上の一五年間をもって、私の東大病院における勤務が終了しました。この間、本当にいろいろなことを経験しました。最初は非協力的だった他部門のスタッフも、その科でのトラブル症例をＩＣＵで回復するにつれて、協力的になったこともありました。

現在は救急車で来院された約八〇％に救急・集中治療部門で対応できるようになり、他科の負担を軽減することができたと思います。

ちなみに一五年前にしまい込んだ感情は、まだあの引き出しの中にしまったままです。いろいろありましたが、すべては過去のこと。今さら開ける必要もないでしょう。

それどころか多くの困難を経験させてもらったおかげで、私自身の学びや気づきなどをたくさん詰め込んだ、大きめの引き出しが増えました。

心の引き出しは私だけでなく、みんなが持っているものです。

こうしよう
こうなるだろうと思っていたら
違う内容になることがある
でも重要なのは
その理由を追い求めることじゃない
今を　どう楽しむか
ひとりを試される瞬間

なぜ自分は死ななかったのか――

3ページで二度の大きな滑落を経験したと述べました。仮にあの経験がなければ、私は登山家として生計を立てる道を選んでいたかもしれません。実際、大学を出たらその道に進みたいと密《ひそ》かに考えていたわけですから。

それなのに、滑落が起きた――。

当初、なぜ自分は死ななかったのだろうかと、後ろめたい気持ちになりました。二度目の滑落をして山を後にする際に聞いた「もう山には来るな」という谺《こだま》のような不思議な声も、自分には何であったかわかりませんでした。

医師として臨床現場に勤務するようになってからも、本当は死んでいたのになぜか生かされているという思いは続きました。

臨床では想像を絶する状況が起きます。

予後不良、つまり経過観察が思わしくない患者さんが早期に亡くなるのは、医療スタッフから見れば高い確率で予見されることです。その逆、つまりどういう処置を施してもじきに亡くなるだろうと予見される患者さんが、急速に回復して目を開けるケースも稀《まれ》にあります。

理由は推測できます。医学的な理由づけもいくらでもできます。しかし、それらはあくまでも推測、つまり見立ての範囲であり、一〇〇%の正解は誰にもわからないのです。

どんなに考えても、これが本当の理由ですよという「正解を書いた紙」は、どこからも出てきません。

長年現場で経験を積むうちに、どうしてそうなったのかという理由探しではなく、むしろ目の前にある新しい状況に注目することが重要なのだと、次第に考えるようになりました。

過去ではなく今を見つめる

医療現場での仕事に限らず、こうした考え方は、時を経て私の人生全般を覆うようになりました。

不思議なことに、この信念で行動すると、新しい状況に冷静に目を向けることができるようになります。

一見不幸に思えるような出来事でも、それが親しい人間との離別だとしても、あるいは自分が想定した結果と全然違う結果が出たとしても。なぜそうなってしまったのかというその背景や理由に執着することもありません。

ひとりになると、いろいろと考えてしまいがちです。そんなときは、過去ではなく、今を見つめる。

すると、心がとても楽になります。

ひとりは
イメージを広げ
鍛える時間
想像力が鍛えられ
ゆとりも生まれる
素晴らしいことだらけ

人生の「色」は大きく変わる――――――

自分の中から寂しいという気持ちが消え始めると、次第に想像の世界で遊べるようになります。

妄想とか空想とか、さまざまな言葉で呼ばれますが、呼び方はどうあれ、想像力は私たちの人生においてたいへん重要なスキル（技術）です。

想像こそ現実を作り、現実を動かす潜在能力だからです。

24ページで、私は教室でひとり本を読むのが好きだったと述べました。それは活字で組まれた著者特有の世界観を想像する「イメージの訓練」となっています。

たくさん想像することで、たくさんの物語が生まれます。そこで生まれた物語こそ、私たちを動かす原動力、エネルギーです。そんな数々の物語からは、人類の歴史を彩る芸術、発明、多くの伝統・文化が生まれています。

想像から生まれるエネルギーは心身を活性化します。生きる上でのゆとりも与えてくれます。このゆとりがあるかないかで、人生は大きく「色」を変えます。

余裕のないときに焦って何かをやろうとしても、ほとんどがうまくいきません。

逆に余裕があれば、例えば業務上の作業、あるいは人間関係が思ったように進展しなくても、焦ることなく、いったんゼロベースで見直すことができます。

ひとりを心から楽しむと、想像力が鍛えられ、余裕まで生まれます。素晴らしいことばかりです。

それでも、うまくいかない状況にぶつかった際に、ひどく悩んでしまうこともあるでしょう。ひとりを楽しんでいるつもりでも、まだ少し余裕が足りない状態です。

「発想が違う」と割り切る――

「どうして思ったとおりにならないのか?」

私にも経験があります。とくに近しいひととの関係は自分が想像したようには進みません。だから人生は面白いのだと達観するひともいますが、大半のひとは悩みます。

そんなときは「発想が違う」と割り切ること。

発想が違うのだから、こればかりはしかたがない、そう思えるようになると、気持ちが楽になります。

すべてのひとは、他者と共有する時間を学ぶため、そしてひとりを楽しむために、あっちの世界からこっちの世界へと降りていると言われます。

つまり立場も発想も違うという前提で生まれているわけですから、他者と自分との違いにことさら悩む、執着する必要はありません。

立場も発想も違うひと同士が、意外と狭い世界で一緒に暮らしているわけですから、人生で起きることの全部が全部、うまくいくはずがありません。しかたがないのです。

その事実が腑《ふ》に落ちた瞬間、自分の中から相手を責める気持ちが消え始め、逆に少しずつ余裕が生まれます。

「考えてもしかたのないことがある」と。

想像力はひとりの時間の賜物《たまもの》です。

第二章

物語の主人公はひとり

颯爽《さっそう》と生きる
とても格好いい
颯爽たるひとは
周囲に影響されないひと
颯爽たるひとは
自分をよく知るひと
颯爽たるひとは
ひとりの時間を楽しめるひと

「ひとりは楽よ」が口ぐせ

颯爽という言葉を辞書で引くと、「きりっとした」とか「爽《さわ》やかな印象」と出てきます。これは「生きざまが明確なひと」と言い換えることもできます。立ち居振る舞いが凛《りん》としたひとは、自分の主義・主張もはっきりとしています。何よりも、ひとりを楽しめるひとです。

私の母もそんなひとでした。

先の大戦をくぐり抜け、貧しいながらも私と弟の息子二人を育て上げました。父の死後は私たち兄弟の同居の勧めも固辞し、小さなアパートでひとり暮らしを満喫していました。

母は口ぐせのように「ひとりは楽よ」と話しました。

ワーカホリック（仕事中毒）だった私を気づかっていたこともあるかもしれません。それ以上にすべてから解放されたという自由な感情が母の中に芽生えたのでしょう。

そんな母を二〇〇七年五月に、住まいだったアパートで亡くした私は、母に「すまない」という気持ちを持っていました。

その頃、つまり二〇〇六年、二〇〇七年という時期は、東大病院に着任してから最初の五年が終わろうとし、次の五年が始まろうとしている重要な時期だったのです。

まだ鮮明に覚えていますが、一週間のうち二、三日は睡眠なしで仕事という日常を送っていた私は、生きているのがやっとと実感していました。

亡くなる前年、母からはこんなことを言われました。

「もう、(そんな仕事)いいんじゃない」

その言葉に私は胸を打たれました。

仕事は死ぬためにやるわけじゃない、生きるためにやるものだ、だから仕事で体を壊すとか死ぬなどナンセンス、そう言うわけです。言葉が真理を突いていただけに、私は自分の仕事ぶりを反省しました。

自分も世間も時間の経過とともに変わる――

母が亡くなってから二年が経《た》とうとしていたある日――。

亡くなった母と交霊する機会が思わぬきっかけで巡って来ました。

二〇〇九年三月末のことです。

そこで交わされたのは、私と母の二人以外に誰も知らない事実ばかり。驚きの連続でした。この日以来、私は見えない世界の存在をはっきりと認識することになりました。

ちなみに私が「もっと強く同居を勧めていれば良かったですか？」と質問すると、母は「そんな必要はありません」と即答しました。また「お供え物は何がいいですか？」と質問すると「とくにいりません」。

もちろん生前の母を知らない霊媒役をやってくれた友人は、その颯爽たるさまに交霊が終わってから驚いていました。起きて半畳、寝て一畳を形容するような、狭いながらもアパートでのひとり暮らしを楽しんでいた母は、生前から「余計なことをする必要はない」という思想の持ち主でした。今考えると、ミニマリストの走りかもしれません。

交霊の最後に「これでもうこちらには来ないのですね？」と訊《たず》ねると、母は「お別れよ、元気でね。兄弟仲良く」と、晴れ晴れとした口調で去って行きました。

また生前、母は「どっちでもいいのよ」ともよく言っていました。選択を放棄しているわけじゃなく、自分も世間も時間の経過とともに変わるものであり、そもそも人間の営みにおいて絶対的な正解などないという発想に基づく姿勢です。

どっちでもいいという言葉は、なるようにしかならないという言葉に、何となく近い感じがします。そう思えれば、周囲の顔色を窺《うかが》う必要もなくなります。

人生の宿題って何だろう
けんかをせず仲良くすること
誰も恨まないこと
感謝をすること
いろいろあるけれど
たぶん
幸せになることが
いちばん大切

「知足」という発想

どんな環境であれ、ひとは「幸せだな」と感じることができれば、他人の幸せを素直に願えるものです。

だから人生最大の宿題は幸せになることだと思います。

幸せとは何か？

お金があればいいのか、モテればいいのか、出世できればいいのか、身内や周囲に褒められればいいのか、そこには多様な価値観があるでしょう。

どれも否定しません。

それも人生の学びであり、貴重な経験だからです。

ただし、いつまでもそこに執着するのではなく、いわゆる「知足《ちそく》（足るを知る）」という発想で、人生を颯爽と駆け抜けることも大切です。

知足とは「幸せに上下はない」ことに気づく境地です。

自分がすでに満ち足りていることを知る――。

東大病院での活動は29ページ以降で述べました。このときも、救急部にはリソース（資源）は限られていましたが、病院内の他部門には豊富にあるのです。


だったら頼むしかありません。もちろん前例のないことばかりでしたから、頼まれるほうも疑問を持つような雰囲気になるのは、ある程度しかたありません。

時間をかけて交渉を重ねるうちに、面倒臭いという気持ちではなく「（人的資源が）あるじゃないか」という満ち足りた気持ちが芽生えました。

端から見ると、当時の私はジョーカーを引いたひとに見えたかもしれません。でも、知足や幸せはどこかの誰かが決めるものではなく、自分で決めるものです。

自分が動いた分だけ、ひとの心も動く。

しんどいこともありましたが、現場経験を通してこの学びを得たことは、私にとってたいへん幸せなことでした。

大勢に囲まれても孤独感

同時に、知足は「ひとりでも十分楽しめる」境地だと感じています。ひとり暮らしのひとが、ああ今日もごはんを食べられた、そんな状況で幸せを感じることがあります。

とくにこれと言って劇的なこともない人生だけど何だか楽しいと、日々の暮らしに満足感を抱くひともいます。

私も含めてこういうひとの共通項は、みんなと一緒じゃなくても、ひとりで十分楽しめるという点です。

それを寂しいと笑う向きもあります。しかし、幸せが自ら決めるものであるように、寂しいか寂しくないか、つまり孤独感も他人ではなく自らが決めるものです。

「広場の孤独」という言葉で表わされるように、大勢のひとに囲まれるような華やかな立場であるにもかかわらず、誰にも言えない孤独感を持つひとだっているのです。

物語の主人公はひとり
たったひとり
でも物語はひとりじゃ進まない
大勢のひとが関わって
初めて進む
みんなが支えてくれるのだから
挑戦すればいい
あなたの物語だから
やってみればわかる
やらなければ
何もわからない

すべてが学び。まずやってみる——

東大病院に勤務中はさまざまな相談を受けました。

ご自身の健康面で悩まれている方、ご家族を介護されている方、長患《わずら》いの末に看取《みと》られた方、その後の喪失感で悩まれている方、実に多種多様です。

中には転職とか独立とか、たぶん私以外の専門家に相談されたほうが宜《よろ》しいのではないかと感じるようなものまでありました。

そして相談される方の多くが、やってみたいことがあると、何らかの希望・願いを持っておられました。旅行だったり、食事会だったり、自宅で最期を迎えたいという希望だったり、謝りたいひとに会いたいという願いだったり。

まだ、たかだか六〇年間の人生ですが、私なりに学んだことがあります。やりたいことがあるなら躊躇《ちゅうちょ》せず、やったほうがいいということ。どんな状況にあるにせよ、です。

感情を封印してしまうと、しなくていいはずの後悔をずっと抱き続けることになります。

だからまず、やってみましょう。

うまくいかなかったら潔くやめて、次は他のことに挑戦すればいいだけです。こっちの世界での時間は限りがあります。

経験に損得などありません。

すべてが貴重な学びであり、大きな気づきを促します。

「天使のサイン」に気づく――

ちなみに「天使のサイン」という言葉をご存じでしょうか？

そのひとが何かに気づくため神様がサインを出している、そんな状態だそうです。私も経験がありますが、違う場面で二度、三度と同じキーワードが続いたとき、ああ、こっちということだなと、何となく気づくことがあります。

こうしたサインは気づくか気づかないかの違いだけで、毎日のように出ているそうです。でも大半は気づかないまま、見逃しています。残念ですね。

もしサインに気づいたら、理由はわからないけれども従ってみるのも手です。

今すぐやりたいと思っていることではないかもしれませんが、サインが出ているということは、人生に何らかの関係があるのかもしれません。

あれほど親しかった友人が
離れてしまった
なぜ
どうしてと
いくら問うても
答えは出ない
なぜなら
ひとは常に変化する生き物だから

環境とか時間とか
いろいろな要素で
ひとは変化する
生きることは
変化すること
だから誰も責めなくていい
誰も悪くない
これもひとりのトレーニング

理由がわからないなら「考えない」――

ひとが自分から離れていく状況ほど、人生でつらいものはありません。それが死別であれば、まだしかたがないと思えます。誰もがいつかは肉体死を迎えるからです。

そうではなく、ふいに自分の周囲からそのひとがいなくなるという状況を経験すると、強い戸惑いが訪れます。

なぜあのひとは口をきいてくれないのか、無視するのか、メールやSNSの返信が音沙汰《さた》ないのか、電話に出ないのか。自分の何がいけないのか、どこに落ち度があるのか、何が怒らせてしまったのか。

負の感情が連鎖します。

何かで明確に怒らせてしまったのならまだしも、どう考えても、そのひとが自分から離れた理由がわからないことも多いものです。

そんな場合、私は「考えない」ことにしています。なぜなら、ひとは一生、変化し続ける生き物だからです。

ひとは変化し続けます。自分だけが変わっていないと思っているだけで、大小さまざまな部分が変化します。思考、態度、価値観、外見、人間関係、どんどん変化します。

先日、高校時代の同窓生から連絡をもらい、ある集まりに参加することになりました。私はこの手の会合に出ることはほぼなかったのですが、一〇代の頃をともにした級友たちは私の変化に驚いていました。

私自身はその当時、つまり学生時代からまったく変わっていないと思っていたのですが、彼らに言わせると、随分変わったそうです。職業も影響したのかもしれません。

私に言わせると、彼らも変わりました。

歳をとったから当然だろうと言われるかもしれませんが、外見だけではなく、あんなにワルだったのがこんなに立派な社会人になって、あるいは、あんなに柔軟な考え方をしていたひとがこんなに既成概念にとらわれた考え方のひとになるなんて、というような、いわば質的な変化です。

ひとりの時間を強くするトレーニング――

しかたありません。それが人間です。

誰もが生涯、変わり続けます。それが良いか悪いかという話ではなく、時間や環境でどんどん変わるのです。変わらないと思っているのは自分だけ。ひとは自分自身が最も見えません。

自分のことが最も見えるのは自分の周囲にいるひとです。だから「なぜあのひとは自分から離れたのだろう」と嘆くひとだって、ひょっとしたら誰かから、同じように嘆かれているかもしれません。

自分の変化も他者の変化も、すべて受け入れる。これが、ひとりの時間を強くするトレーニングです。

課題は
逃げても逃げても
やって来る
何度でもやって来る
だからクリアするしかない
逃げずにひとり

現世で逃げ切っても来世に――

そのひとの人生は、そのひとが主人公の物語です。

だからそのひと以外はすべて脇役であり、そのひとをサポートする係であると考えれば良いでしょう。

何をサポートするのかと言えば、主人公の経験値を上げるためのサポートです。さまざまな場面で主人公がどう対応するかがそのひとの物語です。

困難から逃げずに向かっていき、時間はかかっても課題を解決することができれば場面は進みます。

逆に逃げれば場面は戻ってしまい、またどこかで同じような課題にぶつかります。

課題はクリアしないと何度でも繰り返すのです。

何だか同じような状況になっているなと、思わずため息が出てしまうような経験はありませんか？

それは以前、その課題をクリアしなかったために起きています。

どこまでも逃げ続ける、そんな人生もあるでしょう。逃げ切れると信じているひともいるでしょう。

しかし現世（今の人生）で逃げ切れたとしても、クリアされなかった課題は来世（次の人生）に持ち越される、そういうものだと私は思います。

ちなみに、いくつもの課題を解決するために、私たちは何度もこっちの世界に生まれているようですから、やはり逃げてはいけないということでしょう。

夫婦がうまくいかない
仕事がうまくいかない
親子がうまくいかない
治療がうまくいかない
ひとはあくせくするもの
もがくもの
それもまた
ひとりの時間に生まれる
大切な気づき

うまくいかないときは神様に試されている――

うまくいかないときというのは、そういうステージに今いるということではないでしょうか。

そういうステージとは、簡潔に言えば神様に試されていると考えていいでしょう。

私は小学三年生のときに車にはね飛ばされ、治療を受けた病院で「小学校卒業までに急に亡くなるかもしれない」と主治医に言われた経験があります。

親はやはり心配したようです。でも入院している私は「退屈だなあ」という思いでした。

私にとって、これは最初の試練でした。そのように神様に試されているときは人生の各所において、これまで何度も訪れました。

東大病院に着任早々「あなたのようなひとにはついていけない」と辞めたスタッフがいました。臨床現場を仕切る看護師長から「先生たち、もっとちゃんとやってください」と文句を言われたことも、一度や二度ではありません。

私自身は部門改革という十数年がかりの目標に向かい、ちゃんとやっているつもりでした。しかし、そのひとからはそう見えなかったのでしょう。

まあ、なかなかむずかしいものだなと感じました。

むずかしい場合は、どうしても「良かったとき」と比べてしまいます。これが危険で、人生が凪《なぎ》のときと波風が立つときを比べてしまうことで、気持ちが一層落ち込みます。

凪のときは日々の経験で得たエネルギーを充電しているとき、波風が立つときはそのエネルギーをフルに使うとき。

両者にはそんな違いがあります。

臨床という現場では、自分自身を責める患者さんをたくさん見て来ました。COPD（慢性閉塞《へいそく》性肺疾患）や肺がんで入院されたひとの中には、何度も煙草をやめるチャンスがあったのにどうしてやめられなかったのだろうと悔やむひとがいました。

「もがき」には必ず出口がある――

それでも煙草をやめられない患者さんは結構いました。あれだけ痛い目に遭っているのになぜやめられないのか。担当の患者さんに聞いてみたことがあります。残念ながら嗜好《しこう》が自律を上回るケースも多々ありました。

肝臓や腎臓や胃腸など、とくに臓器関連の疾患で入院・手術を受ける患者さんは、遺伝的な疾患である場合を除き、それまでの生活習慣を嘆いていました。

彼らにとってみれば、その時期は試されていたのだと思います。つらい目、痛い目に遭い、自分を律することができるかどうか。気づきの「きっかけ」を与えられるステージです。律することができれば、回復後、次はうまく回せるようになると思います。律することができなければ、また同じ目に遭う確率が高まります。

もがくのはつらいこと。

できることなら、もがきたくありません。

それまで生きてきた中で生まれた複数の因子（素因）が、天文学的な確率でからみ合った結果、時間の経過とともに自分の認知外で化学変化が起き、生じるもの。それが、もがきです。

病気だったり、仕事の停滞だったり、人間関係の悩みだったり。つらいと思いますが、試されていることを忘れないでください。

必ず出口があります。

第三章

たったひとつの道を選ぶ

死は物語の終わり
始まりがあり　終わりがある
それが物語
それでも悲しいものは悲しい
悲しみは理屈じゃない
だからたくさん泣こう
するとお腹が減る
そしたら何か食べよう
生きるとは
そういうこと

「楽しい時間をありがとう。また会おう」――


親しいひとの死ほど悲しいものはありません。

私自身、すでに両親も弟も他界しました。今でこそあっちの世界で再会する楽しみがあります。ただ、当時は喪失感が強かった記憶があります。

残ったひとができるのは、亡くなったひと、つまり「現世の卒業生」に敬意を払うこと、そして卒業生と共有した時間をたまには思い出すことです。

さらにできることなら、そのひとが他界される前に自分の素直な思いを伝えましょう。

「楽しい時間をありがとう。また会おうね」

そのひと言で卒業生はほほえみ、安堵《あんど》します。

最近、パートナーを亡くしたひとたちの話を聞く機会が増えました。旦那さんが逝《い》ってくれて肩の荷がおりたと言うひともいらっしゃいます。一方、中には非常に強く落胆するひともいらっしゃいます。パートナーを亡くされて、ひとりになったというのに、気がつくと、二人ぶんの食事を用意しているそうです。そのたびに「バカだなあ」と呟《つぶや》き、はらはらと涙があふれるという話でした。

旅立ったパートナーは幸せ者です。私が「大丈夫ですよ、再会できますから」とお話しすると、表情が一変します。

見えない世界に触れた瞬間です。亡くなるという状態は、自分が主人公である人生という物語を「終えた」ということです。

人生は最後まで、自分が主人公です。

ひとにはそれぞれ、決められた命の期限があります。

それを勝手に破らないこと。

それぞれ、お役目があります。

そのお役目、つまり課題を解決するために、私たちはこっちの世界に降りました。

だからまず、それを全うすること。

命ある限り学び続ける

ひとりの時間を楽しむことは大切です。それでも皆、周囲のひとに支えられて生きています。

コミュニケーションをとることで学んでいます。

命ある限り、学びは続きます。

神様のご恩に背くことなく、自分が主人公の物語を、エンドマークが出るその日まで続けること。
すべてのひとに、必ずお迎えが来ます。
だから焦る必要はありません。
その日まで自分の物語を、そしてひとりの時間を、存分に楽しみましょう。

現世の卒業生へ
楽しい時間を
ありがとう
大丈夫
再会できますから

END

みんなと同じようにはできない
そんなひともいる
それは魂のくせ
魂の個性みたいなもの
だからしかたない
私たちがこの世に生まれた理由が
そこにある
個性を
どう認め合うか

だからどうか
ひとと違うそのひとを責めないで
ゆっくり見守って欲しい
そのひとにはそのひとの物語がある
だからどうか
そのひとの物語を
一緒につむいであげて欲しい
お天道様はずっと
見守ってくれているから

他人と同じようにできないのも個性

今だから笑って言えますが、私は周囲と同じようにはできない子どもでした。変人に見られていたと思います。

ひとと同じようにできないと、次第に周囲から圧力がかかります。その圧力が強ければ強いほど、つまり「同じようにやれ」と感じるような言葉や態度が強まると、次第に「自分はおかしいのか」という疑問へと変わります。

おかしくはありません。

ひとと同じようにできるのも、できないのも、そのひとの個性だからです。個性を持って生まれるのでなければ、私たちがこの世に生まれる意味が存在しません。

同調を促すような圧力は気にしなくていいと思います。

気にした途端、心の中に負の感情が生まれます。

負の感情の大部分は不安と怒りです。不安も怒りも、とても強いエネルギーであり、いったん生まれた負のエネルギーは放っておくとどんどん増殖します。


負の感情を増殖させると、そのひとの中から感謝が消えてしまいます。感謝が消えてしまうと、次は社会を恨み、憎むようになります。

「どうして私が責められないといけないのか？」

感情はどんどん激しくなります。社会を恨み、憎むようになると、最終的には幸せを感じられなくなります。みんな同じようにできるのに、自分はなぜ同じようにできないのか？

自己嫌悪に陥ると、次第に生きる気力が失せます。

他人と同じようにできない自分自身を認め、受け入れ、自分を大切にしていきましょう。

ひとり歩かなかった道
ひとり選ばなかった道
それがどんな道なのか
わからない
考えても想像でしかない
そこにあるのは
ただ自分が選んだ道
たった一本の道
それだけ

自分ができることを見つけて行動

職業選択という場面で、たまに「あの仕事を選んでいたらなあ」と悩むひとがいます。

その悩みは、賃金だったり、世間体だったり、仕事内容だったり、さまざまな要素を比較した結果として生まれます。

悩むくらいならやってみればいい、挑戦すればいいのにと思います。しかし、それができるくらいなら悩んでいないというのが大半の結論なのかもしれません。

鉄道のエンジニア、プロの登山家など、私にも選びたいと思っていた「道」がありましたが、さまざまな事情で選びませんでした。

最初から医師に憧れていたわけではありません。

ですから、医学部を卒業して現場に立ってからも、どこかモヤモヤした気分は否めませんでした。

たいへん失礼な言い方になりますが、私ごときが臨床現場にいても良いのかという感情が強かったのです。


うまく表現できませんが、自分が医療という世界にいて、何か貢献できることがあるのだろうかという疑問が、何をするにつけ、つきまとっていたような気がします。

それでも目の前にいる患者さんにどう対処するかという状況は、日々訪れます。

次第に、この世界に貢献できることを考えるより先に、自分が今すぐできることを見つけ、行動するようになりました。

理屈で患者さんは回復しません。

私は複数の医療機関で、麻酔科、救急・集中治療、一般内科など、さまざまな医療現場を経験しました。

東大病院に着任してからは、主に救急と集中治療の部門長として、二四時間臨戦態勢で従事しました。

救急の現場では「助かる」、「助からない」という線引きが極めて曖《あい》昧《まい》です。

正直言えば、誰にもわかりません。

患者さんが運ばれて来ると、決められた診断プロセスに沿って手順どおりに診断・治療を始める。

このサイクルはどんな状況においても変わりません。

助かる、助からないは、その延長に存在するだけです。


選べるのはたったひとつの道だけ――


医療チームは専門家の集団です。

スタッフはそれぞれ場数を踏んでいますので、その症例に対するフィードバックが豊富であり、ある程度までの状態なら早急に治療に取りかかれます。

それでも助からないことが多々あるのです。それだけ人体は複雑だということです。

医師を「なぜだ」と責めるご家族もいますが、治療は多くのエビデンス（治療実績に基づく証拠）に照らして行なった結果です。どう頑張っても、最善を尽くしても、助けられない場合、あきらめるしかありません。

別の治療なら助かったのではないかと言うひともいますが、これも想像の域を出ません。

選べるのはたったひとつの道だけなのです。

体の声を聴く
体は嘘《うそ》をつかない
しんどいときは
素直に悲鳴を上げる
体は正直
だから耳を澄ませよう
体は最後まで付き添ってくれる
無二の親友

体は嘘をつかない――

物語の主人公は自分ですから、自分の体は自分で管理することが不可欠です。体調の管理こそ、ひとりを心から楽しむための必須条件です。

今や国民病などと称されるがんも、侵襲《しんしゅう》（生体の内部環境の恒常性を乱す可能性がある刺激）の少ない診断で、早期発見できる場合が増えてきました。

そしてほとんどの疾患には、その前提として何らかの不調や異常（前兆現象）が見られます。

これらを早期発見できるかどうかは、医療側における態勢面の問題以上に、むしろそのひとが自分の体にどこまで関心があるかによるのです。

早い話、自分への関心が高いひとが、病気を予防する力の強いひとと言ってもいいでしょう。

だからどんなに忙しくても、たまにはじっと自分の体を見つめてください。

感じてください。

どこか痛い部分がありませんか？

具合が悪いと感じる箇所はありませんか？

もし痛みをこらえながら生活しているような状態なら、なるべく早く医療機関に診てもらってください。

体が悲鳴を上げているのはどこか不調がある証拠です。体は嘘をつきません。社交辞令として、その痛みをなかったことにはしてくれません。

経験上、ふだんは「いつ死んでもいい」と豪語して病院を嫌うひとほど、診断結果への落ち込み度が高いものです。

五感は自然の中でレベルアップ――

私は「五感を鍛えましょう」とよく話しています。体の声をキャッチするために役立つからです。

味覚、嗅覚、聴覚、触覚、視覚。

五感を研ぎ澄ませるようになると、自分の中に入る（インプットされる）ものと、自分の中から出る（アウトプットされる）ものの、バランスがよくわかります。

五感は自然の中に身を置くことで磨かれますが、これは周囲に注意を払い、神経が研ぎ澄まされるから。その結果、体の声を聴くことがうまくできるようになります。

ひとりの時間
ちょっと自分史を
書いてみよう
上手に書けなくていい
誰かを感動させなくていい
自分のために書く
書きたいように書く
新たなことに挑戦すると
ひとりも意外と忙しい

自分史を書いてみよう

自分史は世界にたったひとつしかないドラマです。

だからというわけじゃありませんが、自分史を書くことも貴重な時間になるのではないでしょうか。

スタイルは自由です。

こうしないといけない、こう書くべき、という決まりはありません。

各種のエンディング・ノートも市販されていますので、そこに書き綴《つづ》るひともいると思います。

普通のノートや雑記帳、あるいはパソコン上での執筆など、どこに書いてもいいでしょう。

自分史の執筆メリットを列挙しておきます。

- 書いているうちに疑問が解決することがある
- 思い出せなかったことを思い出すきっかけとなる
- 頭の体操になる
- 書いていると気持ちが落ち着く、感情が整理される（ライティング・セラピー）
- 友人・知人との再会のきっかけになる
- 死後に身内へ公開する前提なら公式記録となる
- 話し下手でも素直な気持ちを伝えられる
- 当時のエピソードを思い出し実感できる
- これまでのご縁をまとめることで感謝できる

自分史は、そのひとが「生きた証《あかし》」です。

既婚者であれ独身者であれ、子どもがいてもいなくても、関係ありません。どんな人生であるにせよ、その内容はそのひとにしかありません。

同じ人生のひとは存在しない ——

生まれてから死ぬまで、同じ人生であるというひとは、この世に存在しません。

最近は出版社が事業として行なう「自分史・自費出版」なるものが注目されています。

お金を出して編集・印刷・製本してもらい、本格的な形に仕上げたいと願うひとも増えているそうです。

形はどうあれ、まずは自由なスタイルで書いてみてはいかがでしょうか。

書いてみたひとからは、胸の内がすっきりするという声が、私のところに届いています。

ごはんがおいしければ
それでいい
いただきます
ひとりごはんだけれど
ああ今日もごはんが食べられた
そう思うと
体の中から
じわーっと
じわーっと
熱いものが込み上げる
ごちそうさまでした

毎日の食事が「生の実感」を強くする――

私の日常のささやかな喜びのひとつは、食事です。毎日、一日の始まりに、いただきます、ごちそうさまでした。一日の終わりに、いただきます、ごちそうさまでした。

自分が今、この世界に生きている、命をいただいて生きている。そんな「生の実感」を強くするのが、日々の食事です。

ひとりごはんは寂しくありません。

ひとりの食事を「ぼっちめし」と呼び、揶揄《やゆ》する向きもあるようです。しかし、そもそもぼっちという言葉は「法師」や「小さな点」という言葉の流用という説もあり、そこまで悲観的になる必要はないと感じます。

家族や友人など、いわゆる気心の知れたひとと食べるごはんは楽しいものです。

ではひとりごはんは、何が楽しいのか？

「好きなものを、好きなときに、好きな場所で食べられる」

つまり、誰かに合わせる必要がない点こそ、ひとりごはんが最も快適な理由です。

私の幼少期は父親を中心に、家族は一緒にごはんを食べるのが世の習いでした。

それから世の中は随分と変わり、未婚率や離婚率も上がり、家庭であっても食事は各々が良いと思う時間にとることが普通の風景になりました。

ひとりを楽しめるひとは、ひとりの食事も楽しめます。

外食なら、その食材がどんな由来か、どんな効能があるのか。自分で調理するなら、その食材をどう活《い》かせばおいしくなるのか。あれこれ考える時間も楽しいものです。

至福のときにお迎えというのも素敵――

調理過程や完成品の写真を、例えばクックパッド（日本最大の料理レシピサイト）のようなアプリに投稿すれば、ネット上にいる大勢とつながれます。

ひとりごはんのひとが、同じく全国のひとりさんと交流することが可能です。

ちなみにひとりごはん中に、もしお迎えが来たら？

その話をすると「笑いごとじゃない」と言われました。

至福のときにお迎えなんて素敵じゃないですか。

第四章

ひとりなら頑張り過ぎない

人間の友人だけじゃない
言葉にも友人がいる
「覚悟」さんは　きりっとした友人
「ありがとう」さんは　優しい友人
「清《せい》明《めい》正《せい》直《ちょく》」さんは　眩《まぶ》しい友人
「おかげさま」さんは　なめらかな友人
そして「お役目」さんは
私を導いてくれる友人
彼らはいつも私に伝えてくれる
それでいいのか　と

言葉を間違って使用しない――

友人という存在は人間に限りません。

友人を「友」と短縮すると、私がここで言わんとする意味が何となく伝わりますでしょうか。

本が好きだった私は、幼い頃から本を「友人であり師匠である」と感じてきました。

本を読む時間はひとりを満喫する時間であり、友人であり師匠である本との意見交換の時間です。

人間の友人は喜怒哀楽を実体験として共有できます。情緒面や五感など、さまざまな感覚を共有することが可能です。

では教養という面において、どこまで自分が磨かれるかと考えると、その点は本の専門性が圧倒します。本は専門性を有した友人という位置づけです。

そんな数多くの本を構成するのは「言葉」です。

言葉こそ、友人の中の友人と言い換えてもいいくらいであり、ひとは言葉との出合い、言葉の使用、言葉と提携しながら、世界を創り上げました。


言葉は「言霊」と言われるように強い力を持ちます。

良くも悪くも言葉はエネルギーです。

だから心したいものです。

いったん口から出た言葉は、音のエネルギーと意識のエネルギーを帯びていますので、空間を飛び回った結果、そのエネルギーと同じ波動(周波数)を持つ存在のところに行きます。

つまり自分の元に戻るのです。

良い言葉なら大丈夫ですが、悪い言葉の場合には注意が必要でしょう。

相手に期待し過ぎない

友人がいないのは寂しいひとだと言うひとがいます。しかし、いないほうがましだと感じるような友人なら、どうでしょうか？

これは家族の問題とも根っこが通じています。なぜそこで揉《も》めるのか、揉めごとがいつまでも解決しないのはなぜなのか？

答えはいくつかありますが、そのうちのひとつに「相手に期待し過ぎる」関係があります。

友人が自分に期待する、親が子どもに期待する。

適度なら構いませんが、自分も子どもも、友人や親のコピーではありません。度が過ぎるとじきに関係は壊れます。

私の対策を申し上げますと、自分の考えを押しつけて来る相手とは、できるだけ距離を取ります。

自分の考え方や生き方を正当化したくて身近な誰かにその正当性を誇示し、相手の心を勝手に操縦しようとするひとには抵抗を感じます。

ただし気をつけないと、逆に自分が誰かの心を操縦しようとすることもあります。

よくあるのが嫉妬という感情です。そこはくれぐれも注意しなければなりません。

私の中学校時代の恩師は、静岡の伊豆高原でひとり暮らしを満喫されています。毎日、庭に遊びに来る鳥たちと会話をされるそうです。自然界の住人も、皆友人です。

頑張り過ぎると
壊れる
壊れたら　元も子もない
もったいない
その頑張り時間を減らし
ひとりの時間を増やそう
そうすれば
生き返る

頑張り時間を減らそう

会社を辞めたい、離婚したい、縁を切りたい。

その手の相談をされるひとの多くに共通点があります。それは、たいへん真面目ということです。

真面目なひとは、仕事でも家事でも頑張り過ぎます。

人間関係においても、例えば相手に嫌われないようにと配慮するし、場の空気を壊さないようにと発言に気をつけます。

そういう性格ですから周囲の好感度も高く、必然的に誰もがそのひとに期待します。期待されますから、さらに頑張ろうとします。ところが、人間の体はそれほど強くありません。ある日、心身のどこかが壊れます。

真面目なひとは「ちゃんとしなきゃ」という思いが、強過ぎるのです。

そんな思いに反して、周囲は、そのひとが壊れても責任を取りません。
そのひとが勝手に頑張ったのだろうと言われかねません。期待と反比例して意外と冷たいのです。

私も仕事で頑張り過ぎて「死ぬかな？」という一歩手前まで行きました。
そこで死んだとしても、誰も責任は取りません。
だからその頑張り時間、ちょっと減らしてみませんか？
その三割、二割でも構いません。その時間を「ひとり満喫時間」に振り替えませんか？
あなたが壊れても誰も責任を取りません。
だったら、あなた自身が再生できる、ひとり満喫時間を増やしましょう。

居場所のないひとなんて
いない
誰にも必要とされないひとなんて
この世界にいない
どこかに居場所がある
誰かに必要とされる
いつか必ず

存在するだけで承認されている――

私には居場所がない――。

こうした負の感情は孤独感から生まれます。孤独感は分離感、つまり自分が誰ともつながっていないという哀しみの感情から生まれます。本当は魂で皆つながっているのに。

孤独感が強くなると生まれるのが「承認欲求」です。

これは誰かに、社会に認められたいという欲望です。認められたいとあがき続けるのは、そうでないと自分の居場所がどこにも確保できないという恐怖心からです。

私たちはそこに存在するだけで、この世のすべてからすでに承認されています。

まずその前提を知ることが大切です。

何かすごいことを、誰かが喜ぶようなことをしないと、自分という存在の居場所がどこにもないわけじゃありません。こっちの世界に生まれた時点で、すべてのひとに最初から居場所があるのです。居場所はそのひとが、今立っているところです。

また、分離感が強いひとは、言葉に過剰に反応します。でもひとが口に出す言葉なんてコロコロ変わります。昨日はAと話していたのに今日はB、明日はCかもしれません。ひとの思いは移り気です。コロコロ変わる気持ちに承認してもらおうと考えるのは、土台無理があります。

評価の奴隷にならない

親や上司との関係で悩んでいるひとも、あなたを素晴らしいと褒めた一方で別の日にバカだと罵《ののし》る、そんな経験をしたことがあるひとも、どうやって相手の承認を得ればいいのか、考えあぐねるでしょう。

誰もが好き勝手に他人の評価をします。独自の解釈をしますから、相手に認められようとしなくていいのです。だからと言って、むやみに反発する必要もありません。

もし「ちゃんとやってくださいよ」と言われたら素直に謝り、すぐに気持ちを切り替えましょう。

相手がありのままの自分を認めてくれるのなら、感謝を持って対応する、相手が一方的に自分の価値観を押しつけて来るのなら、静かに離れる。

そこではっきりすること。それは自分が評価の奴隷なのか、評価を気にしない人間なのかということ。なるだけ早い段階で「私はこういう人間です」と周囲に明らかにすることも手です。

ありのままに生きる。

ストレスを溜めず、ひとりの時間を楽しむための秘訣です。

笑うって素晴らしい
たぶん怒りより
ずっと強いエネルギー
場が緊張していたら
その緊張は
笑いでほぐせる
たとえひとりでも
あっという間に
緊張をほぐしてしまう

緊張は
怒りではほぐせない
あなたがあなたのそばにいる
たったひとりを笑顔にできるとしたら
あなたはそのひとに
素敵な貢献をした
生きるエネルギーを生み出す貢献をした
ひとを笑顔にできるって
素晴らしい

ひとり時間の無意識のなせるわざ

私は口下手ですが、そんな私の話にたったひとりでもクスッと笑ってくれれば、こんなに嬉しいことはありません。

ひとを笑わせるのは難しくて楽しい作業です。

天賦《てんぷ》の才を与えられたようなひともいますが、私たちのほとんどは、その場の流れを読みながら笑いのツボがどこにあるのかを、あちこちで試しています。

多くのひとは、誰かに笑って欲しい、誰かと笑いを共有したい、誰かの笑顔を見たいのです。面白い、おかしいというその場の空気や価値観を共有したいのです。

まさに笑いはコミュニケーションの潤滑油です。

その笑いですが、誰かを笑わそう、笑顔を見たいと考えるのも、ひとりの時間のなせるわざです。

ひとりの時間に思いつく、自由奔放に過ごすうちに想像を巡らせてたどり着いた多種多様な発想やアイデアは、脳内で何度も修正され、最終的に誰かに披露されます。


そんな面倒臭い作業はやっていないと笑うひともいるでしょう。ところが、私たちの脳はたいへん複雑です。無意識のうちにあちこちで拾ったユニークな情報、気になる情報を大量にストックします。そのストックされた要素をあるタイミングで瞬時に組み合わせて、気がつくと言葉として口から出しているという仕組みです。

これが無意識のなせるわざです。

笑いは免疫力も向上させるそうです。

以前、筑波大学名誉教授の村上和雄先生とお話をさせていただく機会がありました。村上先生は「ひとを笑わせようとするのは利他的な行為」と仰《おっしゃ》いました。

吉本興業の芸人さんと村上先生が糖尿病患者さんに被験者として協力してもらった血糖値測定の調査（心と遺伝子研究会によるプロジェクト）では、笑いで血糖値の上昇が抑制されたという有意な結果が出たそうです（Hayashi K et al. Laughter lowered the increase in postprandial blood glucose. Diabetes Care. 2003 May;26(5):1651-2.）。

この実験は海外でも注目されているようです。

ひとりの時間が社会に貢献している――

アメリカの多くの病院には「ホスピタル・クラウン（院内で心のケアをする道化師）」がいます。

『パッチ・アダムス』という映画で、一躍話題となりました。

この映画のモデルとなったのは、ハンター・キャンベル・アダムスというアメリカの医師。彼がクラウンを始めて、それが世界中に広がったのです。

現在、アメリカの医療界は笑いが免疫力の向上や心の安寧《あんねい》につながることを公式に認め、積極的に治療に取り入れています。世界各地のクラウンたちは、ひとりの時間に、どうやって入院患者さんや子どもたち、あるいはその家族を笑わせようかと、連日連夜、策を練っています。

ひとりの時間も社会に貢献しているのです。

考えるのをやめて
体を動かす
好きなことに没頭する
ぼーっとする
ひとりで
パワースポットでも
訪れてみよう
考えない
これが大切
考えてばかりの脳を
少し休ませることが大切

脳を休ませる時間を作ろう

考えれば考えるほど、自分がどうしたかったのか、何を目指していたのか、その主たる目的から、どんどん離れてしまうことがあります。ふだん、デスクワークに従事しているひとなら、よく実感できると思います。

脳は凄まじい高速回転で思考を処理します。しかしその回転も、処理要素が増えれば増えるほど鈍ります。一度にあれこれと処理させようとするとパンクします。

考え過ぎて心身がぐったりした状態になるのはパンクした状態です。ちょうどパソコンの処理量が増え過ぎると、フリーズするのと似ています。

考え過ぎると、次第に不安が発生します。

本当にそれでいいのか、別の方法があるのではないのか。考えれば考えるほど悩みが深まるのは、シンプルだった紐《ひも》が複雑にからみ、どこをどう引っ張ればスルッと抜けるか、その解決法が見えなくなるからです。

だから「考えない時間」を作りましょう。

ひとりで、むずかしく考えず、脳を休ませる時間です。

運動するもよし、何か好きなことに没頭するもよし、ぼーっとするもよし。まさにひとりの真骨頂です。

それから、心身のリフレッシュのために、自分がパワーをもらえるような場所、いわゆる「パワースポット」に行くのも快適です。

ここでの注意点は、マスメディアで紹介されているからとか、誰かが話していたからという理由に依存しないこと。

誰かにとって快適でも、自分にとって快適かどうかわかりません。

だから最初は紹介されてその場所に行ったとしても、そこが自分では快適な場所じゃないと感じたら、自分にとって快適な場所を他に探してみてください。

自分に合うパワースポットを探す

私は神社、とくに明治神宮や伊勢神宮が好きです。とても強いエネルギーを感じ、凛とした空気に浄化されます。

神社が清々しいのは参道に並び立つ樹木が高いからとも言われますが、そういう場所は、そもそも何らかの理由で場のエネルギーが高い場所かもしれません。

樹木という点で言えば、森林は多くのひとが気持ちいいと感じる場所でしょう。精神的効能ばかりでなく、科学的効能として、木々が発するフィトンチッド（殺菌力のある揮発性物質）の作用もあげられています。

国立研究開発法人森林総合研究所が行なった調査によると、二泊三日の森林浴でがん細胞を攻撃できるNK細胞（ナチュラルキラー細胞）の活性力が二日目で約五三％向上、抗がんタンパク質濃度も上昇したことが報告されています（二〇〇五年一〇月一三日プレスリリース）。

森林に限りません。

海、山岳、河川、大空。

自然界に身を置くと、人間だけが特別な生き物ではないことに気づきます。

ひとは自然界の一部です。

ひとが自然を支配しているのではなく、ひとも大自然という悠久のサイクルで存在することを認めていただいているのです。

それを忘れないようにしたいものです。

ひとりの時間に、自分に合うパワースポットを探してみる。疲れた心を癒してくれる場所が、きっと見つかります。

順縁と逆縁
正反対
仏の道に従って歩くのが順縁
夫婦円満　親子円満
仏の道に逆らって歩くのが逆縁
夫婦げんか　親子げんか
家庭内別居　離婚
どちらもご縁
この世でしか経験できない
貴重なひとりの学び

必要とされていないひとはいない――

円満もけんかも、結婚も離婚も、すべて学びです。

いずれも相手がいないと成立しないし、どちらの状況にせよ、ひとりで考える訓練が繰り返されます。

世の中は「ご縁のネットワーク」で構築されています。

個人ベースから国家ベースまで、そこで起きることのすべてがご縁のネットワーク内で起きる変動です。

失恋、失業、離婚という状況は、自分の居場所を失ったという悲しみの感情が高まる局面です。

そして同時に、誰かに必要とされなくなってしまったという虚《むな》しさが心に占める割合が大きくなります。

繰り返しになりますが、居場所のないひとはいないし、ひとは必ず誰かに必要とされています。その場面に必ず出くわします。

とくに離婚で悔やむひとが多いことには驚きます。

パートナーを間違えた、家庭に向いていなかった、さまざまに口にされます。もっと時間を共有できなかったのか、相手に共感できなかったのかと、大勢が口にされます。

そこで思うのは、誰にでも得手と不得手があるのではないかということ。個性とはそういうものです。


私も離婚しました。若気の至りです。

しかし後悔はありません。世間は離婚したひとたちを、失敗したひと、などと言うかもしれません。しかし、そこで得た経験は何にも代えがたいものです。

ひとの一生を考えてみてください。

誕生、家族、入学、友人、恋愛、就職、結婚、出産、離婚、転職、育児、死別。そのいずれも、大変な確率で出会い、大変な確率で出来事が発生しています。

誰かとの出会いは、一見すると偶然に思えるでしょう。でもたぶん、その時点でおたがいが何らかの学びを得るために、必然的に出会っています。何らかの「約束」があるのです。

つまり私たちは出会うべくして出会っており、これもご縁のネットワークのなせるわざです。

反省すべき点は反省する

悪いことが続くと落ち込んでしまうひとも、それが何らかの課題の解消、つまり前の生（過去生）までの長い時間の中で解決できなかった課題をクリアするために、それが起きていると知れば、感じ方が変わるのではないでしょうか。

ことの良し悪しではなく、学ぶために起きているわけです。

だから我慢をしろというのではなく、自分の立ち居振る舞いを振り返り、反省すべき点は反省し、それを受け入れる、そして執着を少しずつ捨て、ひとりの時間をこれまで以上に深めること。

ここでも、ひとりの時間が有効利用できます。

どんな経験も、自分にしかない物語のエピソード。

唯一無二のドラマです。

第五章

死に方には上も下もない

ちょっと不安なときは
迷わず頼ろう
恥ずかしいことじゃない
誰かに頼ろう
声をかけやすいひとに
甘えていい
それがおたがいさま
ひとりでも　おたがいさま

多くの高齢者が独居を満喫

ひとり暮らしをしていると、ちょっと不安な気持ちになることがあるかもしれません。

いつも泰然自若《たいぜんじじゃく》として、気持ちを強く保てるひとなら問題ないでしょう。ところが、そうでないひとも多いのです。

誰かと暮らしていても不安感に苛《さいな》まれることはあります。しかし、物理的にひとりでいると、楽な反面、何かあったときにどうしようと、つい余計な心配をしがちです。

ひとはそれほど強くありません。

折に触れて、気持ちが上がったり下がったりしますので、しかたのないことです。

独居というスタイルは、今や高齢者の代名詞ではなく、全世代共通のスタンダードになりつつあります。それだけ社会は多様化しているということです。

独居が不便なのか、快適じゃないのかという質問は、私にはひとそれぞれのように思えます。高齢者を例にとると、それが伴侶《はんりょ》に先立たれたひとであっても、息子や娘、その家族との同居ではなく、独居を望む声もあるのではないかと感じます。

一切のしがらみから解放され、自由になるからです。

困ったときは頼れるひとに頼ればいい。

仮にそういうひとが身近にいなくても、役所にでも相談してみてはどうでしょう。

大阪でクリニックをなされている医師の辻川覚志さんが行なったアンケート調査によると、老後もひとり暮らしをしている一四三人のほうが、家族と一緒に暮らす三〇二人よりも、満足感が高いという結果が出たそうです（『老後はひとり暮らしが幸せ』辻川覚志、水曜社刊）。

ひとりでもおたがいさま

マスメディアでは、老人のひとり暮らしが増えている、悲しい思いをしている、独居は危ない、みんな怖がっていると、妙にネガティブな情報ばかり喧伝《けんでん》されます。

しかし、私が知る限りにおいては、多くの高齢者が独居を満喫しています。

自分で身辺のことができる、あるいはむずかしい部分は手伝ってくれるひとがいる、病院とコミュニケーションがとれている。

そのレベルにあるのなら大丈夫でしょう。

ひとりでも、おたがいさまなのです。

誰かに助けてもらったら
今度は
誰かを助けてみる
助けてくれたひとでなくていい
誰かを　困っている誰かを
助けてみる
恩は世界をぐるぐる回る
回れば回るほど　笑顔が増える

私をハッとさせた先輩のひと言――――

「恩送り」という言葉をご存じでしょうか。

誰かに何か恩を受けた場合、別の機会にその相手に何かを返す、これは恩返しと呼ばれるものです。

一方、恩送りは返す相手がそのひとでなくても構いません。困っているひとがいたらそのひとを助けることで、世の中に「恩を送る（回す）」という考え方です。

私が駆け出しだった頃の話。

右も左もよくわからなかった若い時分、職場でよくおごってくれる先輩がいました。

先輩は経験豊富で、私の相談にもよくのってくれました。頼りっきりだった私は、おごってもらうたびに恐縮したものです。

ある日、食事の席で何かを話している最中、思い切ってこう切り出しました。

「先輩、いつもすみません。おごれるようになったら必ずおごります」

すると、先輩は笑ってこう言いました。

「そのときは僕じゃない、下のひとにおごってあげるんだよ」

私はハッとしました。

このひともたぶん、先輩からそう言われたのでしょう。私が「はい」と答えると、先輩は笑顔でうなずきました。

ひとりでも恩は送れる

水は上から下に流れます。

余裕がなければしかたありませんが、ちょっとでも余裕があれば、誰かを助けることができます。例えばそれが話し相手ということであっても、立派な人助けです。

ひとりでも恩は送れます。

ひとりひとりが恩を送れば、まだ恩を送ったことのないひとも、恩送りの素晴らしさに気づきます。

ひとりでも多くのひとが気づけば、それだけ笑顔が増えます。小さくとも社会貢献できるのです。

死に方に上下はない
道で死んでも
病院や自宅で
大勢に見守られて死んでも
部屋でひとりで死んでも
死は死
上も下もない
故郷に戻るだけ

肉体が滅んでも魂は滅びない――

死は「現世の卒業」です。

長い旅路をお疲れさま、あっちの世界で皆さんと久しぶりの再会を楽しんでください、そういう機会です。

親しいひとの死は悲しい気持ちが先立ち、これからどうしたらいいのだろうかと心が揺れます。しかし、亡くなった本人にしてみれば、やっと故郷に帰れる、お役ご免！　という感じで、実に晴れ晴れしいものだそうです。

だからどこでどう死んでも、魂には関係ありません。

そもそも死は肉体死です。

肉体は、私たちがこっちの世界で動き回りやすいように、さまざまな経験がしやすいようにまとっている道具。そんな肉体が滅んでも本質である魂は滅びません。

これが「死は帰郷」と呼ばれる所以《ゆえん》です。

いきなりこのようなことを言ってもなかなか受け入れがたいでしょうから、少しずつでいいので、ふだんから帰る先のことを意識できたらいいと思います。

死は帰郷ということを理解できると、死ぬことの恐怖も薄れるでしょう。

それでも、ひとりで死ぬのは孤独だ、自宅で死ねないひとは可哀《かわい》そう、そんな意見がまだ跋扈《ばっこ》しています。

死に上下など、ありません。

どこで死のうと死は死です。

すべて肉体死です。

死に方に上下をつけたがるのはこっちの世界の「くせ」です。

故郷に戻ったひとは死に上下などないことを知っています。

先に旅立ったひとが見守ってくれる——

独居率が年々高まっていますから、介護、見守り、看取りというスタイルが、今後は大きく変化するでしょう。

そこにはロボットやＡＩ（人工知能）といった最新テクノロジーも導入されることになります。

高齢化率、高齢者の独居率、さらに未婚率は、年々上がっています。だから今後、看取りといっても家族がいないひとが急増するでしょう。将来的には家族で看取るという場面が少数派になる可能性もあります。

でも、安心してください。ひとりでも大丈夫。

亡くなるときには、先に旅立ったひとたちが見守ってくれます。怖いことなどありません。

親孝行できなかった
あのひとに迷惑をかけた
そう悔やむひとがいる
だったら
ありがとうって感謝すればいい
亡くなっていても通じる
おたがいさまって
向こうから
手を振ってくれる

「つながり自体、有ることが難い」――

私が最も好きな言葉は、ありがとう、です。

こんなに素敵な言葉があるのだからもっと使ったほうが良いと思います。そして友人から言われて気づきましたが、私は「ありがたい」がかなりの口ぐせのようです。

親しいひととの別れはつらいものです。

私は母親を看取ることができませんでした。しかし亡くなった後でも、ありがとうという感謝を送るとあっちの世界に通じることを知り、今では毎日手を合わせています。

祈りや感謝のエネルギーは時空を超越します。

ありがとう＝ありがたいは「有ることが難《かた》い」とも表記されます。

これは自分と周囲の関係、つまりつながっている関係に対して「そのつながり自体、有ることが難い」という意味です。

125ページでも述べましたが、そのひとと出会ったこと自体が大変な確率だったというわけです。


ありがとうという言葉は、亡くなったひとや周囲にいるひとだけでなく、自分の体にもかけてみてください。

肉体は日々、酷使されています。

体に感謝することで、ありがとうという言葉の持つ崇高なエネルギーが脳を経て全身の体細胞へと充塡《じゅうてん》され、広範囲で活性化します。

まさにいつでも自在にできるエネルギーチャージです。


「ありがとうございます」で譲り合い――

満員電車で、つい降りられなかった経験を持つひともいらっしゃると思いますが、以前そういう状況で興味深い光景を見ました。

ぎゅうぎゅう詰めですから、どうにも動きようがないことはしかたないとして、これは降りるのが大変だぞと思っていたら、ある駅に着いたときに「すみません、ありがとうございます」という女性の声が聞こえました。

すると、まるで紙一枚も通らないような空間に、少しずつ隙間《すきま》ができたのです。

女性は何度も、ありがとうございますと繰り返し、そのたびに隙間が広がり、意外なほどスッと降りて行きました。

言葉って素晴らしいものです。

余命　寿命
気にするのは
もうやめよう
あきらめよう
あきらめるとは
明らかに見極めるということ
年齢もあきらめよう
すると気持ちが若返る

「明らかに見極める」という言葉

よくマスメディアで耳にしますが、平均寿命というのはあくまでも統計用語であり、ゼロ歳児の平均余命です。ここに縛られてしまうひとも、まだたくさんいます。

当たり前ですが、ひとりひとり、生きる長さは違います。だから平均寿命が何年だろうと、日本人の平均寿命が世界各国のそれに比べてどうだろうと、関係ありません。生きる上での指針にもなりません。

寿命はこの世でのお役目を果たす時間だと思います。

私は、生きた長さ（時間の長さ＝年齢）ではなく、その人生をどう生きたかが、一番大切だと思います。

長生きしたひとはご長寿と多くのひとに称《たた》えられます。逆に早世したひとは可哀そうにと言われます。

本当にそうでしょうか?

早くに亡くなったとしても、そのひとは何らかのお役目を果たしたはずです。

どんな年齢でも、どんな亡くなり方をしても、そのひとのお役目を果たしているはずです。

寿命、余命を気にすると、ストレスが溜まります。

医療現場でも、治療を受けるひとの中には思ったように回復できない事実に対して「まだ若いのにどうしてだ」と怒るひとがいます。

そこで思うのは、あきらめるという言葉です。


あきらめるとは執着を断つこと――


あきらめるというのは「明らかに見極める」こと。

寿命も余命も、自分を素直に見つめ、明らかに見極めることで、次第に気にならなくなります。

あきらめることで、自分の中に覚悟が生まれます。

あきらめるとは執着を断つことでもあります。執着しなければ失望感もありません。

随分と楽です。

ご高齢の皆さんは年齢を気にしないことです。年齢への執着から解放されると、気持ちが若返ります。

気持ちが若返ると雰囲気が若返ります。実に不思議ですが、あきらめたひとは若くて素敵なひとが多いのです。

恐らく「いくつだっていいじゃないか」という開き直りが、そのひとの細胞を活性化するのでしょう。

時間がかかってもいい
許そう　そのひとを
なかなか
むずかしいかもしれない
でもあなたが許せば
あなたも誰かに許される
あなたが拳《こぶし》を下げれば
誰かも拳を下げる
そのひとを許し
受け入れよう
怒りから解放されるから

さまざまな経験のために転生してきた――

ふと、怒りが込み上げることはありませんか?

現在進行形であれ、過去形であれ、どうしても許せないひとがいるのは、ごく自然なことです。

私たちはそれぞれ違った価値観で生きていますから、自分と違う価値観に反発するのはしかたのないこと。それが積もり積もると、許せないという深い感情へと変質します。

ひとは不思議なもので、良い感情は消えるのが早く、悪い感情ほど残るもの。中でもとくに手放すのがむずかしいのが、許せないという感情なのです。

恨み、憎しみ、妬《ねた》み、などは「許せない」という感情から生まれます。これは相手に執着するエネルギーであり、そこまで執着しなければば「しかたないな」という感情に転換できます。

ですが、ひとによってその許容範囲は違いますので、転換できないこともあります。

すぐに許せないのはしかたがないとして、ちょっと頭に置いておくと楽になる考え方があります。そもそも、なぜ許すことが必要なのかを考えてみてはどうでしょうか。

私たちはさまざまなことを経験するために、こっちの世界にわざわざ転生しました。これは良いも悪いも含め、いろいろな経験の結果として生まれる「学び」を得て、あちらの世界に戻るためです。

この学びこそ、こちらの世界で得られる唯一の財産です。

学びのスピードはひとによって違います。早いひとも遅いひともいます。それは勉強や仕事と同じです。

面白いのは、早く学べるひとが偉くて遅いひとは劣っているのかと言えば、必ずしもそう単純な比較ができないことです。

なぜなら、学ぶという作業が重要なのであり、学ぶ量・内容や学びの速度で、競争するようなことではないからです。

すべてのひとは、こちらの世界では学びの途上にある「学生」と考えてください。

怒りもコントロールできるようになる——

例えば、あなたに暴言を吐いたひとがいるとします。そのひとの態度はなっていないかもしれません。ですが、そのひとも学びの途上にあるひと。つまり「言葉の重要性をまだ学んでいない」のであり、その状況に身を置くことで何らかの学びを得るのです。

あなたから見れば残念なひとかもしれません。腹も立つでしょう。

しかし、誰もが自分の言動によって、ひとに迷惑をかけた、嫌な思いをさせた、という経験があるはずです。

それこそ学びの途上というもの。しかたないことなのです。

要は、早い段階で学んだのか、まだ学んでいないのか、その違いに過ぎません。

私が「許そう」と言うのはこのためです。

誰もがこちらの世界に学びにきています。

誰かが許せば、他の誰かが許します。許しは連鎖します。その連鎖の中に、あなたも私も入っているのです。

感情の高ぶりを抑えられないのなら、絶縁する、退職する、離婚する、転居する。もしくは、そこまでいかなくとも相手との距離を取る。そんな物理的変更も必要です。

環境の変化は功を奏します。ストレスも減ります。

ですが、無理に許そうとする必要はありません。それでは自分を責めることになりかねませんから。決して自分を裁かず、ありのままの自分を受け入れてください。

ひとり静かに自分を見つめていると、怒りの感情もコントロールできるようになると思います。

ひとりを楽しめるひとの「特権」――

ひとりの時間を心から楽しめるようになると、妙な不安が消えます。個としての自分が解放されるからでしょうか。あのひともこのひとも、実はみんなひとり時間を楽しんでいると気づくからでしょうか。

ひとは皆ひとりであってひとりじゃないことに、つまり「魂レベルでつながっている」ことに気づき、安堵するからでしょうか。

いずれにせよ、ひとりの時間を大いに楽しめると、誰かといても、大勢でいても、自分のポジションは揺らぎません。

これこそひとりを楽しめるひとの「特権」です。

本文でも触れましたが、高齢化率（六五歳以上の高齢者が総人口に占める割合）も未婚率も、年々上昇しています。

総務省・国勢調査（二〇一〇年）によると、ひとり暮らし世帯は一六七九万世帯です。夫婦と子どもからなる世帯は一四四四万世帯ですので、これを上回りました。二〇三五年になると、ひとり暮らし世帯は一八四六万世帯にまで拡大するそうです。その多くが高齢者世帯です。

未婚者も今後、ますます増えるでしょう。結婚せずに（あるいは離婚して）親元で暮らすひとも増えていますが、これは社会的な格差が拡大の一途をたどる経済と関係します。

そんな格差とは別に、未婚者の増加は文明や社会が高度化した結果でもあり、高齢化は医療技術が進化した結果でもあるでしょう。社会も技術も今後、さらに高度化・進化しますので、国は本書のテーマである「ひとり」という状況を前提とした新しい戦略を打ち出す必要に迫られると思います。

まずは、ひとりは危険、寂しい、つらいなどというネガティブ情報の垂れ流しを真に受けるのをやめること。現実をみると、意外と自由に楽しんでいる方もいらっしゃいます。もちろん私自身も、毎日楽しんでいます。

ひとりを楽しむための「予防医学」――

ひとりを心から楽しむために、私から大切な提案があります。それは、私たちひとりひとりが「予防医学」という視点を持ち、日々を過ごすことです。病気になってからどうしようと考えるのではなく、病気そのものになりにくい体作りをしましょう。

長年、救急医療に従事していたこともありますが、予防という発想が文化として定着することは、ひとりの医師として切に願うところです。

そしてひとりは、社会があるからこそ楽しめるのだという事実を、忘れないでいたいもの。世界に自分ひとりしかいなければ、楽しくも何ともありません。

皆さん、ひとりの時間をもっともっと大切に。そして楽しく過ごしましょう。

最後になりましたが、この本を出版するにあたり、せちひろし事務所の瀬知洋司さん、友人の赤尾由美さんにたいへんお世話になりました。ここに深謝いたします。

二〇一六年七月

矢作直樹

挿画・挿絵
西淑

AD
三木俊一

デザイン
吉良伊都子（文京図案室）

矢作直樹　やはぎ・なおき

1956年、神奈川県生まれ。81年、金沢大学医学部卒業。麻酔科、救急・集中治療、内科、手術部などを経験し、99年、東京大学大学院新領域創成科学研究科環境学専攻および工学部精密機械工学科教授。2001年から、東京大学大学院医学系研究科救急医学分野教授および医学部附属病院救急部・集中治療部部長となり、約15年間、東大病院の総合救急診療体制の確立に尽力する。主な著書にベストセラーとなった『おかげさまで生きる』ほか、『人は死なない』、『悩まない』、『天皇』、『変わる』、『人生は、約束』など。

ひとりを怖れない

2016年7月16日　初版第1刷発行

著者　矢作直樹

発行人　水野麻紀子

発行所　株式会社小学館

〒101-8001
東京都千代田区一ツ橋2-3-1
編集　03(3230)5931
販売　03(5281)3555

印刷所　大日本印刷株式会社

製本所　株式会社 若林製本工場

 ISBN978-4-09-388487-7